24 JANV. 1825 — 25 janvier 1825 V

CATALOGUE

DES

ANTIQUITÉS, TABLEAUX,

COUPES, LAQUES,

PORCELAINES, DESSINS ET GRAVURES,

MANUSCRITS, ETC.

ET AUTRES OBJETS CURIEUX,

Qui seront vendus à l'hôtel de Bullion, salle n° 4, les 24 et 25 janvier 1825 de 11 heures du matin à 4 heures du soir, et dont l'exposition publique aura lieu le dimanche précédent.

PARIS,

CHEZ { M° BOUCHER, Commissaire-Priseur, quai Malaquais, n° 15 ;
M. DUBOIS, rue de Savoie-Saint-André-des-Arcs, n° 4.

1825.

CATALOGUE

DES ANTIQUITÉS ÉGYPTIENNES,

TABLEAUX, LAQUES, etc., etc.

ANTIQUITÉS.

1. Bronze. — Quatre figurines parmi lesquelles on distingue, Amon-ra, Horus, et une divinité coiffée du *Pschent* et d'un vautour.
2. Le Bas-relief que nous allons décrire mériterait déjà une attention très particulière, quand on ne ferait attention même qu'à l'extrême pureté de son travail ; mais il devient encore bien plus remarquable, lorsque l'on observe qu'il a été entièrement modelé à l'ébauchoir, sur une couche légère de mastic (ou plutôt de cire préparée), étendu sur une planche, et qu'il nous présente l'un des ouvrages les plus parfaits de la céroplastique égyptienne.

Cet objet, qui paraît avoir formé originairement l'une des faces d'un carré, était surmonté par une corniche dont la place est encore très apparente : nous ne pensons pas qu'il ait appartenu à la décoration d'un cercueil, mais peut-être ornait-il la base de quelque simulacre de divinité : le sujet suivant qui s'y voit répété deux fois avec beaucoup d'exactitude, mais dans des positions contraires, occupe d'une manière très symétrique toute l'étendue de ce beau fragment.

Vers le centre de la composition est Osiris debout, la tête couverte du *Pschent*, d'où sortent deux cornes de bélier ; ses mains tiennent le sceptre récourbé et le fléau ; près de lui, est une espèce d'autel, au dessus duquel se courbe une touffe de fleurs de lotus ; en regard du même dieu, s'avance un homme qui lui présente de l'encens au bout d'une patère de forme très allongée.

Derrière Osiris se voit une déesse ailée, dont la figure s'élève sur un socle de médiocre hauteur ; sa tête supporte un disque ; une plume est passée sous la bandelette qui entoure sa coiffure ; l'une de ses ailes est dirigée vers le haut, tandis que l'autre est abaissée ; l'une de ses mains qu'elle avance, tient une plume ; à ses pieds est placé un petit Monolithe sur lequel repose un œil humain ; plus haut se trouve isolément l'hiéroglyphe dont la forme est celle d'un instrument à cordes, et qui avoisine une légende composée de six autres caractères du même genre. Ce Bas-relief a été presque entièrement recouvert par une couleur d'or appliquée sur un fond rouge, d'après un procédé dont l'usage s'est conservé jusqu'à nous : on doit regretter qu'une main barbare ait gratté ses extremités latérales, et mutilé ainsi les figures et les inscriptions qui s'y trouvaient placées.

H. 6 p. 10 lig. — L. 16 p. et demie.

3. Albâtre zoné, oriental. — Quatre vases funéraires (dits canopes), portant chacun une double inscription hiéroglyphique, et dont les couvercles sont formés par les têtes des quatre génies de l'*Amenti* ou enfer égyptien; AMSET (à tête humaine), API (à tête de cynocéphale), SATMAUF (à tête de chakal), et NASNEV (à tête d'épervier).

Les doubles inscriptions gravées sur ces vases ne sont point du même temps : celles qui forment quatre colonnes, et dont l'exécution est admirable, paraissent être les plus anciennes; les secondes qui sont plus courtes, et dont le travail est non moins parfait, doivent avoir été tracées à une époque plus récente, et probablement lorsque ces vases, enlevés à la première sépulture qui les renfermait, furent placés dans celle d'un autre personnage : un beau vase d'albâtre du musée royal et qui paraît avoir décoré autrefois le tombeau du roi

Osorchon, semble nous révéler ces sortes de larcins, puisqu'il offre sur le côté opposé à l'inscription égyptienne, une inscription latine, qui rappelle le nom d'un magistrat romain de la famille Claudia (1).

4. Albâtre oriental. — Un autre vase funéraire (dit Canope), dont le couvercle est formé par une tête humain.

5. Albâtre oriental. — Quatre *Canopes* dont les couvercles sont formés par des têtes humaines.

6. L'objet que nous décrivons ressemble assez bien par-devant à un *Canope* surmonté d'une tête humaine : sa masse est prise dans un morceau de serpentine; mais tous ses détails, tels que le visage, le col, et le collier, ainsi qu'un vanneau figuré sur son centre, sont formés par des pâtes vitreuses de diverses couleurs.

Le revers de ce petit monument est plane et recouvert d'une couche assez épaisse de mastic sur lequel est peinte en noir une légende hiéroglyphique composée de sept lignes : une feuille de verre, appliquée avec soin sur cette légende, en garantit parfaitement la conservation.

7. Bronze. — un bœuf (ou une vache), accroupi, et dont le dos est couvert par une housse:

(1) Salle de la Pallas, n° 328.

sur sa base, est gravée une inscription hiéroglyphique.

8. Basalte vert. — Un autel de forme carrée et semblable à plusieurs autres, qui sont représentés sur des monuments égyptiens : son foyer a trois pouces et demi de profondeur, et sa conservation est parfaite.

9. Pierre calcaire. — Autre autel (sans foyer), et dont la forme est semblable au précédent : sur ses quatre faces, sont réprésentés, Phré (le soleil), Osiris, et deux hommes qui offrent de l'encens à ces divinités : chacune de ces figures est accompagnée de légendes hiéroglyphiques.

10. Basalte vert. — Une fort belle table à libations, dont le centre est occupé par trois vases, deux gâteaux de forme ronde, une oie et une cuisse de quadrupède; contenus entre deux cavités cylindroïdes : une légende hiéroglyphique entoure ces divers objets.

Sur l'épaisseur de cette table, sont gravées d'autres inscriptions en mêmes caractères, parmi lesquelles nous avons remarqué quelques signes numériques.

11. Pierre calcaire. — Une belle table à libations, sur laquelle sont sculptés des objets analogues à ceux que présentent en général ces sortes

de monuments; ainsi que des légendes hiéroglyphiques.

12. Grès. — Partie inférieure d'une figure accroupie, couverte d'une longue robe et d'une peau de panthère; elle tient en avant d'elle un petit *Naos* qui renferme une image d'Osiris, et dont les côtés sont ornés de colonnes hiéroglyphiques.

13. Pierre calcaire. — Un monument funéraire en forme de pyramide, dont les quatre faces sont décorées de bas-reliefs bien exécutés, dont l'un représente Phrê (le soleil), accompagné d'une inscription hiéroglyphique, dont voici le sens : *Phrê, dieu puissant, seigneur du ciel.*

14. Pierre calcaire. — Autre monument de même forme, mais dont la sommité décrit une courbe légère, comme on l'observe également à quelques pyramides du Fayoum.

Deux des faces de cette pyramide sont chargées de sculptures, dont les sujets rappellent ceux que présentent ordinairement les *Stèles* funéraires.

Ces deux objets précieux ont éprouvés quelques fractures qui cependant ne s'étendent pas jusqu'aux parties sculptées.

15. Pierre calcaire. — Deux personnages assis sur un même siége, et dont le plus remar-

quable, coiffé par une espèce de tresse qui s'enroule sur ses épaules, porte un vêtement fort curieux, et qui probablement appartenait à une classe particulière, en Égypte.

Quelques légendes hiéroglyphiques sont gravées sur ce monument.

16. Pierre calcaire. — Un homme et une femme debout à coté l'un de l'autre : le dernier tient à la main un objet peu distinct, mais qui est peut-être une fleur de lotus, et la seconde, un sistre qu'elle place sur sa poitrine.

Sur la table qui sert d'appui à ces figures est peint un personnage colorié en jaune : derrière la table sont gravées cinq colonnes d'hiéroglyphes remplies de couleur bleue : d'autres couleurs ornent les diverses parties de ce monument.

17. Pierre calcaire. — Statue qui représente un homme assis à l'orientale et qui tient sur ses genoux un papyrus contenant des légendes hiéroglyphiques, peintes sur fond jaune.

Cette figure qui est très bien sculptée, porte une chevelure épaisse et bouclée, comme l'est celle qui distingue encore les Barabras : ses chairs ont été peintes en rouge, ainsi que le sont toujours celles des hommes sur les monuments égyptiens.

H. 20 pouces et demi.

18 Pierre calcaire. — Deux figures juvéniles assises sur un même siége, et qui tiennent sur leurs genoux une bandelette pliée en deux.

Ce groupe qui est traité avec naïveté, offre des détails qui rendent bien l'imitation de la nature : ses diverses parties ont été coloriées : sur la base qui le supporte, se distingue une inscription hiéroglyphique.

19. Pierre calcaire. — Un cercueil dont la forme générale est semblable à celle de la plupart des objets du même genre que l'on découvre en Egypte, mais dont le couvercle (qui seul est sculpté) diffère beaucoup d'eux par la nature et la distribution des figures et des inscriptions qui le décorent.

Ce cercueil était celui d'un homme, comme l'indique l'appendice, attaché au-dessous du visage qui forme le haut de son couvercle : sur les extremités de la coiffure qui entoure le visage, sont deux représentations d'Osiris; les autres sujets sont placés dans l'ordre suivant, en commençant par le haut.

Face. — Trois bandes d'hiéroglyphes. — Un oiseau à tête humaine barbue (figurant l'ame du défunt), placé au-dessous du signe qui représente le ciel. — Trois lignes d'hiéroglyphes. — Neuf grandes colonnes d'hiéroglyphes, qui descendent jusqu'au bas du couvercle.

Côté droit. — L'Epervier du soleil (1) et trois légendes. — Un Serpent à tête de quadrupède cornu, posé sur un piédestal chargé de quatre colonnes d'hiéroglyphes. — Un Serpent dressé et qui est accompagné par une légende. — Quinze Divinités, rangées trois par trois, et parmi lesquelles on distingue entre autres : Gom (2), Anubis, Satmauf, Nasnév et Athor (3). — Un Chakal sur une enseigne. — L'Uræus de Saté (4). — Isis debout.

Le côté gauche offre à peu près les mêmes objets que ceux qui viennent d'être indiqués; la seule différence essentielle qu'on y remarque, se trouve dans les divinités qu'on y a figurées et parmi lesquelles nous citerons particulièrement : Thoth (5), Amsèt, Nasnév et Tafné.

Ce monument, qui ne se recommande pas par la rareté de sa matière, n'en est pourtant pas moins digne d'exciter un grand intérêt par la pureté de son exécution, la rareté de quelques-uns des symboles qui s'y trouvent

(1) *Voyez* Panthéon égyptien, pl. 15, c.
(2) *Ibid.* pl. 25.
(3) *Ibid.* pl. 17.
(4) *Ibid.* pl. 7.
(5) *Ibid.* pl. 30, A.

figurés, et surtout par l'importance que doivent offrir les longs textes hiéroglyphiques dont il est chargé.

Longueur, 6 pieds 5 pouces.

20. Pierre calcaire.—Une stèle funéraire dont le haut est chargé par un globe ailé, deux yeux humains et deux Chakals accroupis l'un vis-à-vis de l'autre.

Au-dessous, une femme debout et qui élève les mains en signe d'adoration, est placée en regard avec le soleil (Phré) qui est aussi debout et qui tient le bâton à tête de *Coucoupha*, le sceptre recourbé, le *nilomètre* et le fléau : derrière ce Dieu, est PHTAH à tête d'épervier coiffé du *Pschent*, et tenant une croix ansée. Entre les deux premières de ces figures, se voit un autel chargé de quelques offrandes, ainsi que cinq colonnes d'hiéroglyphes.

Au-dessous du sujet que nous venons de décrire et qui est parfaitement sculpté en relief, enfoncé dans un creux, sont trois lignes d'hiéroglyphes gravés en creux.

21. Bois.—Stèle funéraire de même forme que la précédente, et sur laquelle sont peints les sujets suivants :

Sur la partie supérieure du champ est un globe ailé qui couvre une inscription hiéroglyphique dont voici le sens : *Thoth, dieu grand, seigneur de la région supérieure* (1).

Au dessous de cette espèce de consécration, on a représenté une femme debout et en regard avec un serpent barbu et mitré : à la suite de ce dernier, marchent Osiris et le soleil, appuyés sur des sceptres et qui précèdent une femme et un serpent dont les têtes sont surmontées par un objet de forme conique, qui se remarque à toutes les figures de défunts représentés sur les monuments funéraires de l'Égypte; cette espèce de procession est terminée par un groupe de trois hiéroglyphes qui composent ensemble le nom de la partie inférieure de l'univers. (2).

Le bas de cette stèle est rempli par cinq lignes d'hiéroglyphes tracés en noir.

22. Serpentine. — Une petite statue dont le vêtement est orné par des légendes hiéroglyphiques.

23. Pierre calcaire. — Une figure en gaine et coloriée, dont le vêtement est chargé d'inscriptions hiéroglyphiques.

24. Terre émaillée. — Sept figurines, dont le vêtement étroit est chargé d'inscriptions hiéroglyphiques.

(1) *Voyez* Panthéon Égyptien, pl. 15, et 15 A.
(2) *Ibid.* pl. 30, 2.

5. Terre émaillée; bois; pierre calcaire. — Figurines chargées d'hiéroglyphes.
6. Bois *dit* de Méroë. — Une palette de scribe, dont la forme est celle d'un parallélogramme, et qui est détruite vers son extrémité inférieure.

Sa face principale est ornée vers le haut par une gravure au trait, représentant un homme à demi agenouillé devant Osiris qui est assis sur un trône : au-dessous de cette scène, sont creusées trois cavités dont les deux premières étaient destinées à contenir les couleurs, et la troisième formait une espèce de réservoir pour laver le roseau de l'écrivain : les deux côtés de cette même face, sont occupés par des légendes funéraires déposées aux colonnes.

Le revers de cette palette est couvert en entier par une autre inscription partagée en quatre colonnes et qui contient plus de trois cents hiéroglyphes parfaitement gravés en creux.

Cet objet curieux doit avoir été trouvé dans le tombeau d'un *hiérogrammate* (ou scribe sacré) : le sujet qui s'y trouve représenté ainsi que la nature de ses légendes, confirment entièrement l'opinion émise par M. Champollion l'aîné, sur la destination véritable de la plupart des monuments de ce genre, découverts en petit nombre depuis quelques années dans les sépultures de l'Égypte (1).

27. Spath verdâtre. — Un scarabée, portant une inscription formée par sept lignes d'hiéroglyphes.

28. Email bleu. — Un scarabée sous lequel est gravé une inscription hiéroglyphique, composée de neuf lignes.

29. Basalte vert. — Un scarabée, dont le dessous, qui est entouré d'un cercle de bronze, contient une légende formée par huit lignes d'hiéroglyphes.

30. Jaspe vert. — Un scarabée de belle forme et sans gravure, sur lequel on remarque encore des traces de dorure.

31. Basalte vert. — Un scarabée dont la partie plate contient huit lignes de beaux hiéroglyphes.

32. Serpentine. — Un scarabée, présentant une légende de huit lignes d'hiéroglyphes.

33. Granit de Syène. — Un vase de forme ronde et surbaissée, dont les anses sont formées par de légères saillies.

(1) *Voyez* Bulletin des Sciences historiques, 7ᵉ section, n° 7, p. 23.

34. Albâtre oriental. — Un Vase à goulot de forme singulière et très surbaissée, portant une anse et deux bélières prises dans la masse.
35. Albâtre oriental. — Une coupe dont la partie extérieure est ornée de trois nervures en relief. — Un petit vase, dont la forme est celle d'un *coquetier*. — Un petit pot, qui contient encore des restes de couleur noire.
36. Serpentine. Un Vase de forme ronde, sans anses et très bien évidé : sa conservation est parfaite.
37. Terre émaillée. — Un Sceau.
38. Terre cuite. — Deux petits Vases accouplés et attachés l'un à l'autre par une seule anse. — Autre petit Vase à une anse.
39. Terre cuite. — Un Vase égyptien à deux anses.
40. Deux paires de Sandales égyptiennes, tressées en jonc ou en feuilles de palmier.
41. Bronze. — Médailles antiques, grecques et romaines.
42. Terre cuite. — Quatre Lampes de jolie forme, et de travail romain.

TABLEAUX, ET AUTRES OBJETS.

43. Albert Durer (style d'). Jésus-Christ et un Ange.
44. Hemskerken. Des Buveurs et des Fumeurs, assemblés autour d'un tonneau.

45. Mignard (Genre de). Cinq Portraits de femmes.
46. Guido Reni (Manière de). Deux Saintes.
47. Metzu (Attribué à). Une jeune Femme, vue en buste.
48. Gerard-Dow (Manière de). Un Homme endormi, tenant des lunettes à la main.
49. Neuf Portraits d'hommes et de femmes, par et d'après Scalken, Rembrandt, Philippe de Champagne, etc.
50. Eykelsse. Vue prise dans les environs d'Amsterdam.
51. Brueghel. Trois petits Tableaux de forme ronde : Paysages et Figures.
52. Both (Attribué à). Deux Paysages de forme ronde.
53. Mireveld et Cuyp. Quatre petits Portraits.
54. Miéris. Deux Portraits d'homme, d'une exécution soignée.
55. Charlier (Attribué à). Une Miniature, représentant une jeune Fille qui se tient à des branches d'arbres et met ses pieds dans l'eau.
56. Watteau. Une Scène champêtre.
57. Lucas de Leyden (Style de). Un Calvaire.
58. Paul Bril. Un Hyver.
59. Courtois (Manière de). J.-C. s'entretenant avec ses disciples.
60. Lingelbach (Genre de). Un paysage avec figures.

61. J.-C. devant ses bourreaux, tableau qui appartient à l'école Italienne.
62. Deux portraits de femme, dont l'un attribué à Porbus.
63. Vandermeulen. Un combat de cavalerie.
64. Lairesse (Manière de G.). Danaë.
65. Greuse (Attribuée à). Tête d'une jeune fille.
66. Watteau. Deux paysages enrichis de personnages qui se livrent à divers amusements champêtres.
67. Un sabre Turc à lame de damas, monté en argent.
68. Une guitarre, et une vielle à jeu de flûte.
66. Trois violons et une clarinette.
70. Bronze. — Une collection de médailles frappées en l'honneur de Louis XIV (au nombre de cent quatre-vingt-deux).
71. Bronze et cuivre. — Trois cent cinquante médailles, monnaies et jettons.
72. Dix animaux chimériques, en porcelaine de la Chine.
Albâtre de Grotta Ferrata. — Deux vases.
74. Terre cuite. — Trois bustes.
75. Porphyre rouge oriental et serpentin. — Deux belles coupes.
76. Trois petits bas-reliefs en matière composé et qui imite l'ivoire : jeux d'enfants.
77. Six figures en bronze.

www.ingramcontent.com/pod-product-compliance
Lightning Source LLC
Chambersburg PA
CBHW030111230526
45471CB00003B/1370